UN CHAPITRE

D'HISTOIRE LITTÉRAIRE.

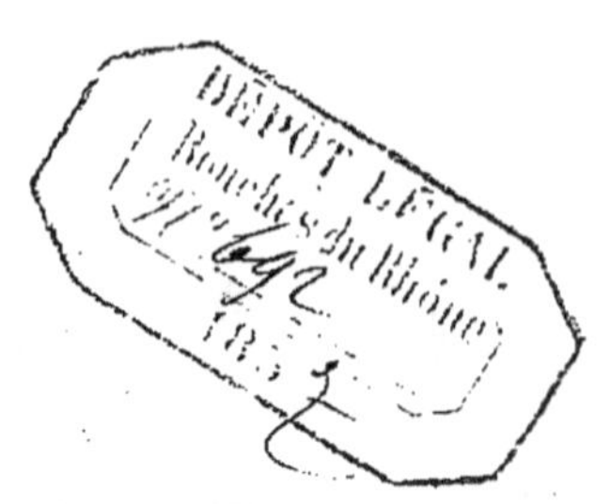

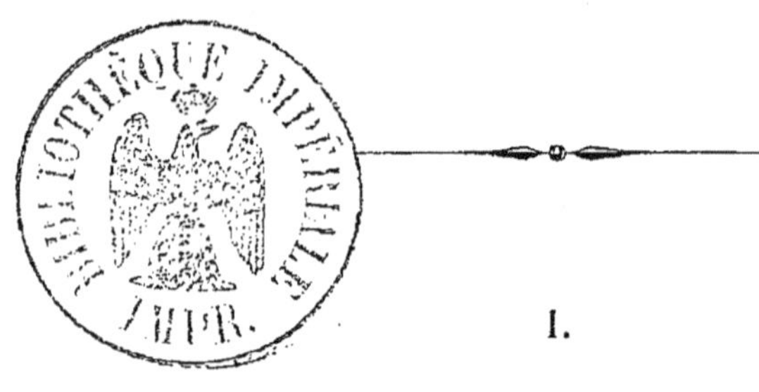

I.

La mort récente d'un critique célèbre a remis en lumière un trait de mœurs littéraires plus particulier à notre époque, bien qu'il ne soit pas absolument nouveau ; elle a démontré d'une façon plus évidente que jamais l'inconséquence de nos jugemens qui se joue de la destinée humaine avec une ironie cruelle. *On doit des égards aux vivans, on ne doit aux morts que la vérité,* est un axiôme dont l'esprit contemporain a retourné le sens et dénaturé les termes. L'écrivain dont la perte a excité tout à coup des regrets si emphatiques, plus apparens que réels, fut d'ailleurs un type remarquable dont l'étude peut offrir d'utiles enseignemens. Je désire en parler d'autant plus qu'il m'a été donné de le voir à un moment décisif de sa carrière, et dans le centre même des relations où il vivait et travaillait. Ce sera un motif pour rectifier sur quelques points la peinture fausse ou exagérée qu'on a faite de lui, et pour tirer de notions plus exactes une moralité applicable à la profession littéraire.

Gustave Planche a été pendant sa vie un des hommes les moins loués assurément qui furent jamais. A la vérité, il ne prit guère soin de solliciter pour son compte cette louange qu'il prodiguait si peu aux autres. Nul no sacrifia moins que

lui à la popularité. Sa rude franchise, ses formules pedan-
tesques, sa critique acerbe ; tout l'ensemble peu attractif de
sa personnalité froide et dédaigneuse. n'était point fait pour
lui attirer des sympathies bien vives. En outre, certaines
façons insolites dont il ne se gardait pas assez , le rendirent
parfois l'objet d'attaques injurieuses , de railleries cruelles
qui s'efforçaient de venger par le mépris affecté de sa personne, les blessures profondes que son esprit avait faites.
Aussi, vécut-il pauvre, dénué, isolé, quoique célèbre, souvent contesté , bien que d'un savoir et d'un mérite incon-
testables. Il eut peu de partisans et peu d'amis dans le monde
des lettres, quoiqu'on ait voulu dire , et en somme fut mal-
heureux malgré l'apparente sérénité de son stoïcisme.

Tout cela n'a pas empêché qu'une fois mort , un concert
unanime d'éloges n'ait retenti sur sa tombe, à peine ou-
verte. Sans perdre un instant , les chroniqueurs d'avant-
garde ont embouché pour lui leurs trompettes les plus
bruyantes. Les laudateurs à la suite , qui furent trop souvent les détracteurs de la veille , ont fait à son propos du
lyrisme sans rime et sans raison ; on a couronné de fleurs,
jetées à profusion , cette tête qui reposa tant de fois sur un
oreiller rembourré d'épines. Celui qui fut pendant sa vie un
si pauvre flatteur, a eu des courtisans posthumes, et l'homme le moins officiel de France a été célébré par des plumes
officielles.... Hé quoi ! la critique de G. Planche est-elle
devenue tout-à-coup plus sympathique , ou bien la mort
a-t-elle révélé en lui des vertus nouvelles ? Nullement.
C'est que l'écrivain a tout simplement cessé d'être redouta-
ble. La peur abdique sans peine, et l'envie est facilement
désarmée devant un cadavre. Voulez-vous avoir à coup sûr
de l'esprit, du talent, du génie, mourez demain. Etrange
retour de l'opinion ! Supposez le critique ressuscité pour un
instant au monde , quelle ne serait pas sa surprise ? Son
ombre a dû s'émouvoir singulièrement , si toutefois l'ombre d'un penseur si austère pouvait être sensible à de telles
billevesées.

Gustave Planche professait pour certaines convenances
sociales , notamment pour les préjugés du costume et de la
toilette , un dédain qui est devenu proverbial. Il logeait en
garni , s'habillait chez le fripier, et prenait ses repas au cabaret ou à la taverne. Jadis il habita longtemps. pêle-mêle
avéc des étudians et des artistes , un des plus infimes hôtels
d'une étroite et sombre rue du quartier Latin , cette même
rue des Cordiers. où Jean-Jacques nous dit. dans ses *Confessions*, avoir habité lors de son premier voyage à Paris ,
et où il fit, je crois, connaissance avec Thérèse. En dernier
lieu, Gustave Planche avait élu domicile rue et hôtel Tournon, ce qui était assurément un progrès, mais sans changer
beaucoup pour cela ses autres habitudes. L'homme qui régentait les lettres contemporaines , était toujours plus ou
moins à la merci de quelque fournisseur, et tandis que sa
pensée escaladait les cîmes d'une critique superbe, ses pieds
plongeaient littéralement dans le ruisseau. Qui ne l'a vu
passer dans la rue , hâve , morne , délabré , bien que déjà
obèse, avec sa grande taille un peu courbée, coiffé d'un chapeau informe , vêtu d'un pantalon trop large et chaussé de
gros souliers mal noués. (1) Enveloppe disgracieuse d'un
beau talent , miroir infidèle d'une conscience droite et honnête. Dans ce visage altéré et bouffi, on ne reconnaissait déjà
plus le profil pur et sévère du médaillon de David d'Angers.

On n'a pas tout dit à son sujet, bien qu'on ait essayé de
beaucoup dire, bien qu'on ne se soit point fait faute de détails puérils, ou même d'anecdotes apocryphes (2). Le désir

(1) Il y avait en lui, ce me semble , quelque chose de Samuël Johnsonn , le grand critique et lexicographe de l'Angleterre , tel du moins que nous l'a représenté Boswell dans
ses Mémoires.

(2) Il y aurait toutefois plus d'une exception à faire. Je dois
excepter notamment un remarquable article publié sous la
signature Jouvin, dans le très-spirituel et très-littéraire *Figaro:*
appréciation parfaitement juste dans sa concision élégante, et
dont le seul tort est d'être une rapide esquisse de journal c'està-dire de manquer du développement nécessaire à un tel sujet.

de paraître tout savoir, et la nécessité d'informer le public à heure fixe, ne sont pas précisément des conditions favorables à une complète exactitude. Voici un fait, inédit je crois, qui fera connaître l'ho mme mieux que tout le reste. Lors de la création des Facultés de province par M. le Salvandy, en 1839, G. Planche refusa de se faire envoyer à Bordeaux com me professeur de littérature française, préférant le pavé libre et fangeux de Paris à une chaire plus ou moins dorée. Sa collaboration à la *Revue des Deux Mondes*, qui date de la fondation même du recueil , c'est-à-dire de 1831 , et qu'il ne quitta guères, l'absorbait entièrement, sauf bien entendu les longues heures de paresse qui , pour lui , ne perdirent jamais ni leur droit ni leur charme. Achille Ricourt l'avait attiré à l'*Artiste* dans les premiers temps , mais il y travailla peu, et n'y fit qu'une seule réapparition dans la suite, sous la direction Houssaye , à laquelle il vint en aide principalement par des articles d'art contemporain, et aussi par quelques études rétrospectives sur les maîtres italiens.

Ce n'est pas en 1838 , mais deux ou trois années après seulement qu'il entreprit son fameux voyage en Italie. La *Revue Parisienne* de Balzac , à laquelle G. Planche paraît avoir collaboré, et qui vécut quelques mois seulement , fut publiée, comme chacun sait, dans le cours de l'année 1840. Une anecdote *parfaitement authentique* , dont l'origine remonte au mois d'avril de la même année , rend pour moi cette date doublement certaine (1). Gustave Planche ne

(1) Elle peut aussi donner une idée des justes préoccupations de Gustave Planche en matière de style. Un très-jeune écrivain, alors en plein début , mais qui débutait aux bons endroits, corrigeait la seconde épreuve d'un de ses articles dans le bureau d'une Revue célèbre. Il travaillait à deux pas et presque sous les yeux du terrible critique qui causait debout, le dos appuyé à la cheminée. G. Planche est invité à venir entendre lecture de quelques pages , et à vouloir bien dire son avis tout haut, ce qu'il eut bientôt occasion de faire. Le jeune écrivain, possédé du désir très -naturel de défendre

quitta Paris qu'après la mort de son père, très-honorable pharmacien, qui lui laissa quelque argent. Ces ressources inattendues permirent au critique, jusques-là livré à lui-même, de s'équiper un peu mieux qu'il ne l'a jamais fait à aucune autre époque de sa vie. Son deuil tout neuf le métamorphosait véritablement, et devint même pour quelques amis le texte de plaisanteries peu séantes dans un moment si funèbre.— Le séjour de Gustave Planche en Italie dura, non pas huit années, comme on l'a dit par erreur, mais quatre ou cinq années seulement, jusques vers la fin de 1845, c'est-à-dire tant que durèrent les écus paternels. Il y partagea son temps entre la fréquentation des musées, l'étude des maîtres, un *far niente* sensuel qui lui était cher, favorisé d'ailleurs par le climat, et aussi, dit-on, par je ne sais quel amour à distance, quelle passion fantasque et toute de tête pour une cantatrice italienne. — Le travail remarquable qu'il publia dans la *Revue des Deux Mondes* sur le salon de 1846, fut sinon le premier, du moins un des premiers écrits qui signalèrent son retour.

A l'époque dont j'ai parlé, avant son départ pour l'Italie, Gustave Planche avait été atteint d'une sorte de maladie dartreuse et quasi lépreuse qui avait envahi principalement les mains, dont l'épiderme était tout soulevé, et le forçait de porter son bras en écharpe. Il dut séjourner pendant quelque temps dans une maison de santé, après avoir été recueilli chez un peintre de ses amis, M. Français, si je ne me trompe. La cause assignée à ce mal bizarre paraissait être un vice du sang, à quoi on ajoutait tout bas bien des commentaires. Ce vice, permanent en lui, et qu'aggravaient un défaut absolu de soins physiques, une incurie sans bornes, a dû sans doute, à la longue, engendrer l'abcès au pied dont il est mort tout récemment.

son œuvre, eut toutefois le malheur de déclarer qu'il avait un faible pour les expressions vagues et poétiques. « En ce cas, cher Monsieur, répondit sévèrement Planche, nous ne ferions pas bon ménage ensemble »

Un des faits étranges de cette mort aussi triste qu'impré-
vue, a été le rôle qu'a joué près du cercuil un journaliste
qu'on ne s'attendait guère à y rencontrer. En pareil cas, le
droit du panégyrique funèbre doit être laissé, ce me semble, aux amis intimes et fidèles, aux compagnons de lutte et
de souffrance, aux tuteurs ou admirateurs anciens, qui sont
mieux en état que personne de louer avec sincérité, avec
justesse celui qu'ils ont vu à l'œuvre, et non pas aux amis
douteux ou aux ennemis mal réconciliés. On n'avait qu'à
choisir dans le personnel si distingué de la *Revue des
Deux-Mondes*, qui était venu tout entier pour honorer un
de ses chefs les plus habiles. On pouvait faire appel à M.V.
Cousin ou à M. A. de Vigny, qui se trouvaient là moins à
titre d'académiciens que de collaborateurs, et qui eussent
été des interprêtes mieux autorisés de la douleur commune
que ne l'était Jules Janin, par exemple. J'ignore ce qui
s'était passé depuis quelque temps entre les deux éminens
critiques, et s'ils s'étaient donné l'accolade de paix au
moyen d'une contrefaçon de baiser Lamourette. Ce qui est
certain, c'est que malgré l'analogie apparente de leurs tra-
vaux, et à part même la diversité si grande des destinées et
des fortunes, c'étaient là deux caractères, deux esprits essentiellement disparates, qui ne s'étaient jamais beaucoup
aimés, et pouvaient difficilement se comprendre.

On n'a pas oublié la querelle acrimonieuse qui s'éleva
entr'eux, il n'y a guère plus d'un an, à l'occasion d'un travail inséré dans la *Revue des Deux-Mondes* sous ce titre :
Mœurs et devoirs de la Critique, peinture honnête et
vraie, touchée d'une main ferme, et semée d'aperçus ingénieux, où se détachaient notamment les portraits, facilement ressemblans à travers l'allégorie, de quelques-uns de
nos Aristarques en vogue. Jamais G. Planche n'avait été à
ce point léger, piquant, spirituel même, lui qui était si peu
tout cela d'ordinaire. Le public riait en désignant du doigt
les modèles dont le nom vrai se déguisait mal sous des ap-
pellations grecques. Que faire ? Cuvillier-Fleury, qui se

crut atteint, riposta dans les *Débats* avec dignité, avec mesure, avec art, opposant palette à palette, et usant à son tour du pinceau en maître habile qu'il est. M. A de Pontmartin feignit de ne pas comprendre, garda spirituellement le silence, et se tint coi, réservant pour un moment plus propice ses élégans projectiles et toute la brillante artillerie de ses canons ciselés et dorés. Quant à Jules Janin, dont l'épiderme est chatouilleux à l'excès et la plume prompte, il eut de vraies colères d'enfant. *Genus irritabile vatum*, car Jules Janin est irritable comme un poète, bien qu'il écrive en prose. Quelle prose, il est vrai ! Une prose pimpante, redondante, miroitante, imagée, taillée à facettes, pleine de nombre, d'enjouement, de grâce, de fantaisie, et aussi d'ironie mordante et cadencée : une vraie lyre en ses doux momens, et au besoin, quand la colère l'agite, un sifflet aigu, un fouet strident, une fine épée toute flamblante. Le pauvre G. Planche fut percé d'outre en outre de mille traits furieux : il resta comme enseveli sous une avalanche d'allusions, d'épithètes, d'apostrophes, de comparaisons mal séantes, et plus meurtrières que des flèches empoisonnées.

A tout pécheur miséricorde. Le pardon des injures est une noble chose sans doute quand l'oubli se rapporte aux injures qu'on a essuyées soi-même ; mais lorsqu'on a été un vif agresseur naguère encore, l'agresseur de la veille, pour ainsi dire, il eût été mieux, ce nous semble, de frapper sa poitrine à l'écart, en signe de repentance, et de s'effacer dans l'attitude d'un silence respectueux.

Gustave Planche avait été de bonne heure une sorte de bouc-émissaire qui dut expier, par la fiction d'une solidarité collective, les torts accumulés de la critique envers l'art et la poésie méconnus. Le débat qui, de tout temps, s'est élevé entre celui qui produit et celui qui juge, n'eut jamais plus de vivacité ou même plus de violence qu'entre l'auteur de tant d'exécutions sévères et les justiciables comparus à sa barre. Comme il était le représentant par excel-

lence de la critique dans ce qu'elle a de rigide et d'absolu ,
c'est à lui que les protestations et les malédictions s'atta-
quaient de préférence. Il connaissait bien dans leur prin-
cipe tous ces ressentimers de l'amour-propre froissé, toutes
ces rancunes de l'intérêt en souffrance , non-seulement de
poète à critique, mais de poète à poète , et il en prévoyait
déjà ou même il en constatait le déchaînement contre sa
personne lorsqu'il publiait, dans la *Revue des Deux Mondes*,
son article des *Haines Littéraires*. De même , il donnait
pour ses biographes futurs, dans l'*Homme sans Nom*, publié presque à ses débuts, une esquisse vigoureuse et origi-
nale de sa physionomie déjà si tranchée.

L'invective pittoresque d'*Olympio*, blessé dans son orgueil
de Titan, est demeurée célèbre, ainsi que la comparaison
du chêne au pied duquel rampe un champignon vénéneux.
C'était après la scission qui suivit la dispersion du cénacle, date à laquelle remonte le retour fait sur elle-même par
la froide raison du critique, et la réaction contre le roman-
tisme, sa première idole. Dès lors son indépendance, nette-
ment et résolument déclarée , avait ameuté contr'elle un es-
saim d'écrivains de toute arme , de toute taille , de toute
couleur, et dans le nombre quelques-uns acharnés , même
sous leur forme légère et plutôt railleuse. Qui ne se rappelle
encore les piqûres si cuisantes faites à l'amour-propre du
critique par les défunte s *Guêpes* d'Alphonse Karr, auxquelles vint plus tard s'ajouter le bruit incommode des *bour-
donnemens* et les invectives emportées, le sarcasme gouail-
leur, voire même les menaces fanfaronnes de feu le *Mous-
quetaire* , d'Alexandre Dumas.

Il eut aussi maille à partir avec certains de ses confrères
plus jeunes qui , prenant parti pour l'école poétique outra-
gée, voulurent à leur tour faire subir au juge la loi du talion,
et le renverser à coups de pierre, si ce n'est même à coups
de massue du piédestal d'infaillibilité où il semblait s'être
placé. Il y a quinze ans environ, la *France littéraire*, tant
de fois transformée, et ressuscitée de nouveau pour créer à

la *Revue des Deux Mondes* une concurrence impossible, avait, pour mieux assurer ses plans , entrepris contre les principaux rédacteurs de ce recueil, une expédition armée. Gustave Planche, en sa double qualité de rédacteur influent et de critique détesté, eut naturellement la meilleure part des coups de feu. Il fut harcelé dans une série d'articles écrits avec vigueur, avec talent, je le reconnais, mais conçus dans un esprit de négation absolue qu'il eur ôtait tout crédit, et avec des formes injurieuses dont l'exagération accusait un parti pris d'outrage, autant que l'injustice la plus cruelle (1). Ces attaques incessantes parties de côtés si divers, ont bien pu produire un certain scandale, et livrer parfois la personne du critique aux publiques risées ; elles n'ont pu toutefois entamer son talent d'une ligne, et ce qui est plus remarquable, elles ne lui arrachèrent jamais soit un mot de représailles, soit une plainte (2).

Gustave Planche ne fut pas seulement un talent élevé, un critique sagace et lumineux, un puritain littéraire ; c'était en outre, comme on l'a si bien dit, un caractère doué d'une ténacité, d'une fermeté remarquables. Epris du beau et du vrai absolus, il les poursuivit courageusement à travers tout, avec des préoccupations absolues et discutables peut-être, mais parfaitement sincères. On a pu lui reprocher certains

---

(1) MM. Alfred Michiels et E. Pelletan , jeunes alors, ont dû regretter depuis ces excès de plume, et sont actuellement de mon avis, je n'en doute pas.

(2) Je ne me rappelle que deux circonstances où G. Planche ait jugé à propos de répondre aux attaques dont il était l'objet, soit pour se justifier, soit pour accuser à son tour. La première fois, ce fut lors du procès à lui intenté par le peintre espagnol Madrazzo, pour avoir critiqué et pris à partie en termes prétendus excessifs ou même diffamatoires certains portraits officiels envoyés par l'artiste à l'exposition de 1855. La seconde, après les diatribes de J Janin auxquelles G. Planche n'opposa qu'une réplique fort modérée, néanmoins il eut grand peine à obtenir l'insertion , et seulement par ministère d'huissier parlant à la personne du gérant des *Débats*.

vices de formes, de la sécheresse, de la monotonie, de la raideur dans le style ; son analyse parfois vétilleuse, et plus en quête des défauts que des beautés, descendait trop souvent des hauteurs de l'esthétique pour s'arrêter et s'attacher aux minuties grammaticales. Sa plume ressemblait à un scalpel transporté de la clinique sur la table de l'écrivain, bien plus qu'elle n'était un facile et souple instrument de démonstration. Il n'avait certes pas cet enthousiasme à la Diderot si merveilleusement propre à la parfaite et large compréhension du beau, dans les arts; il manquait de cette chaleur communicative qui pénètre, de cette flamme intérieure qui ravive, de cet élan qui entraîne, qualités précieuses dont la possession est indispensable à qui veut réaliser l'idéal du critique moderne. Mais qui donc est complet aujourd'hui ?

Nonobstant ses imperfections, ses lacunes, son indigence partielle, G. Planche avait conquis dans le domaine de la critique une position inexpugnable. Il commandait et régnait par l'autorité bien assise d'une parole grave, éclairée, indépendante et forte, qu'on écoutait bon gré mal gré, et qui faisait loi. Il s'"était frayé à l'écart une voie personnelle et distincte, voie ardue en raison de difficultés et de périls mal compensés, où nul ne fut tenté de le suivre. C'est pourquoi il n'a jamais fait école, et ne forma point de disciples, si l'on excepte peut-être le critique J. Chaudesaigues, un bien pâle imitateur, que toute l'amitié du maître ne put jamais ni féconder ni grandir, et que la mort arrêta tout-à-coup il y a dix ans. (1)

Nul peut-être plus que G. Planche n'a donné tort à la célèbre définition du style faite par Buffon. Autant sa personne était négligée, sordide même, autant sa pensée était nette et sévère, son style sobre, ferme, châtié, sa phrase régulière et limpide en sa froideur. Il semble qu'en lui le corps et l'es-

(1) Chaudesaigues mourut presque subitement dans les premiers mois de 1847, à peine âgé de 33 ans.

prit fussent dans un état d'opposition permanente; en quoi il differait sensiblement des autres critiques ses confrères. Nisard, ganté, verni, tiré à quatre épingles dans sa jeunesse, et toujours si décent, si correct dans l'âge mûr, mélange de gravité doctorale et de bienveillance quasi-paternelle; Sainte-Beuve, doucereux, souriant, trottant menu, coquet à sa manière, bien que de formes peu séduisantes, bonhomme apparent chez qui la finesse domine la grâce ; Philarète Chasles, bénédictin doublé d'un dandy, voyageur cosmopolite à travers l'Europe, ainsi qu'à travers les âges et les littératures, pittoresque comme sa prose, alerte, vif, passionné, toujours jeune, bien qu'il date de l'autre siècle, à force de verve, d'entrain et de souplesse; Armand de Pontmartin, le preux chevalier, l'homme du monde et des principes tout à la fois, l'élégance et le bon ton personnifiés ; Paulin Limayrac, un autre Bebé littéraire, comme Laharpe, à la mine futée, à l'œil spirituel, un peu raide, un peu gourmé, se redressant le plus possible sur ses talons, et comme engoncé dans sa petite taille. Tous ces hommes si divers offrent assez bien dans leur personne physique, une image fidèle de leur talent et de leur style. Gustave Planche, au contraire, semblait être une antithèse vivante, une personnalité double (l'homme en lui narguant l'écrivain), et comme un paysan du Danube de la littérature, y compris les sabots, mélange d'éloquence et de rusticité, beau parleur, nature abrupte.

Malgré son parti-pris d'impartialité, malgré l'indépendance naturelle à son esprit qui était des plus solidement trempés, G. Planche eut toutefois, à l'occasion, ses heures de défaillance, ses compromis obligés, ses pactes de faiblesse. Son système, pour être suivi à la lettre, eût exigé des conditions d'impersonnalité absolues, le miracle d'un être de raison impassible et insensible, vivant dans un monde à part ou même supérieur, et non un homme sentant, fait de sang et de chair, doué de fibres et de nerfs, inévitablement mêlé à ses semblables. Il eût fallu ne pas écrire dans un recueil qui est toujours plus ou moins un cénacle, une sorte de loge maçonnique , fondée sur l'association et l'assistance mutuelles avec un mot d'ordre que chacun est tenu de suivre ; il eût fallu n'avoir près de soi ni collaborateurs ni amis. Aussi le critique donna-t-il forcément plus d'un démenti à sa rigueur proverbiale. Après avoir brisé de hautes idoles, le terrible iconoclaste s'agenouillait parfois devant la statue de quelque demi-dieu aux pieds d'argile. Après avoir donné la férule aux doigt robustes d'Hugo et de Lamartine, il fesait patte de velours au talent aimable mais débile et monocorde de Jules Sandeau. Le même homme qui venait de gourmander tel peintre de génie, s'inclinait humblement devant Paul Huet ou Chenavard. Il lui arriva une fois de louer amplement Sainte-Beuve qu'il n'aimait guère, et qui le lui rendait bien. G. Planche a varié sur George Sand selon les époques. A quinze ans d'intervalle , on n'eût pas toujours reconnu en lui le vaillant champion qui s'était battu contre Capo de Feuillide pour les grâces d'*Indiana*, méconnues et outragées.

Soyons juste néanmoins. Ce furent là des faits isolés, des fautes rares, exceptionnelles, car le critique prenait sa tâche au sérieux, et tenait autant que possible son cœur en garde contre les influences. Il n'alla jamais, par exemple, jusqu'à trouver sublimes les vers de Mme Louise Colet , malgré de hautes recommandations , malgré la séduction plus grande encore des boucles blondes et des yeux bleus de cette muse luxuriante. Il y avait un expédient, un terme moyen dont il usait volontiers dans les cas difficiles , embarrassans, où sa conscience était en jeu ; cet expédient bien simple consistait à s'abstenir, il infligeait aux médiocres , aux protégés, aux supplicateurs la férule du silence , ce qu'ils ne pardonnaient pas toujours.

Il y a quoi, qu'on dise, plusieurs sortes d'honnêtetés dont l'interprétation varie selon le point de vue du moraliste, et aussi selon les hommes ou les œuvres qui sont en cause. J'ignore si G. Planche paya toujours ses dettes, s'il les paya même quelquefois , ce qui est la pierre de touche pour une certaine probité courante fort appréciée du grand nombre.

Mais il avait, chose peut-être plus rare , la probité de sa profession, et une loyauté, une intégrité naturelles dans tou - tes les relations qu'elle comporte. Pour ce qui est de sa vie bohémienne et déréglée, quant aux travers et aux vices intimes qu'on lui a reprochés si amèrement , il serait puéril, je crois, d'y attacher trop d'importance. J'ai entendu raconter par un des principaux collaborateurs de G. Planche d'assez vilaines histoires qui sans doute sont vraies, si je m'en rapporte au caractère parfaitement honorable et sincère du narrateur. Mais ces histoires, à quoi bon les revéler ? Pourquoi les livrer à l'impression, comme l'a fait récemment Eugène de Mirecourt dans une biographie scandaleuse, qu'au surplus les tribunaux ont condamnée ? Laissez Diogène vivre et mourir dans son tonneau, si tel est son bon plaisir. Le critique a-t-il jugé sainement, l'écrivain a-t-il buriné son style d'une main ferme et savante ? C'est là ce qui importe après tout. Son vêtement sera toujours assez neuf , et son linge assez parfumé, si sa bouche a proclamé des vérités utiles.

II.

Parmi les hommes qui vivent du travail de la pensée , il
n'en est pas de plus maltraités que les gens de lettres, parce
qu'ils ajoutent aux coups de leurs ennemis déjà trop nom-
breux, l'inquiétude naturelle à leurs âmes et leurs mutuelles fureurs. Certains savans, la plupart des artistes , les
peintres surtout, ne sont certes pas exempts de ces miséra-
bles et mesquines passions, l'envie, le dénigrement, la colère maladive qui affligent trop le monde littéraire. Mais
pour ceux-là l'injure et la diffamation réciproques, colpor-
tées à huis-clos , chuchotées pour ainsi dire en comité secret, ne dépassent guères dans leur bond le seuil de l'ate-
lier ou de l'officine ; elles n'ont guères plus de portée que le
volant d'une raquette lancée par la main d'un enfant ou
d'une jeune fille. La vie privée du savant et de l'artiste se
cache le plus souvent derrière leur œuvre qui entre seule
en communication avec le public. L'homme de lettres, lui ,
a perpétuellement entre les mains une arme meurtrière. Sa
plume est comme un stylet qui ne déchire pas seulement le
cœur de l'ennemi , mais qui se retourne parfois contre la
main qui l'agite. L'outrage et l'invective portés sur les ailes
de la publicité, volent aux quatre coins de l'horizon et s'ar-
rêtent à peine dans leur course furibonde. Le portrait diffa-
matoire, une fois gravé sur le papier , se multiplie en des

milliers d'épreuves semblables, et compte bientôt autant de
témoins ironiques, autant de juges prévenus que la brochure,
le livre ou le journal a de lecteurs.

C'est en vain que plus tard , au terme de la vie et des
épreuves, il se fait une réaction inévitable , mais passagère ;
en vain y a-t-il comme un accord unanime pour réparer le
mal accompli. L'éloge funèbre, avec ses formules stéréoty-
pées auxquelles la publicité prête ses mille voix , est un
usage sans valeur dans nos mœurs si faciles et si complai-
santes. On est d'autant plus prodigue de cette monnaie ba-
nale, qu'on sait bien se mettre en frais pour la dernière fois,
et on tresse d'autant plus volontiers des couronnes qu'on
n'aura pas à les renouveler. *Gardez-vous du jour des éloges* , dit un sage proverbe. Pour beaucoup, en effet, la
louange qui n'a pas eu de veille , n'aura pas de lendemain.
A peine la pierre du tombeau est-elle retombée lourdement
sur la face du trépassé , que tout bruit s'éteint presqu'aus-
sitôt autour de lui, pour recommencer plus loin, avec les mê-
mes accens monotones d'une admiration simulée ou d'une
pitié feinte.

La louange posthume donnée à l'écrivain n'a pas même
l'immunité acquise à ces épitaphes menteuses où la vertu
bourgeoise se proclame sans conteste sur le marbre fastueux
de nos cimetières : épitaphes qui feraient croire à une sorte
d'âge d'or, et comme à une probité universelle sur la terre.
Le *bon époux*, le *bon fils* , le *citoyen vertueux* n'ont pas à
craindre un démenti des rares témoins de leurs turpitudes
secrètes , témoins aussi obscurs qu'ils le sont eux-mêmes,
et qui dormiront bientôt à la même place. Avec les écrivains qui vivent au grand jour et pensent tout haut , une
telle illusion n'est pas possible. Le mépris de leur personnalité, gravé en traits d'une encre indélébile, survit à l'em-
baumement du corps. — Ainsi contesté, censuré hier, grand
homme aujourd'hui, oublié demain s'il est faible , remis en
question tous les vingt ans ou tous les siècles s'il est fort ,
telle est l'inévitable destinée de l'écrivain. Son apothéose

d'un jour ne s'achète qu'au prix d'une vie persécutée et d'une mémoire douteuse.

On m'objectera, comme contrepoids à ces maux, les douceurs et les profits de la camaraderie littéraire, et les faciles triomphes, les joies d'une certaine littérature frivole dont l'éclat factice éblouit le gros du public qu'elle amuse. Il se joue en certaines régions littéraires, je ne l'ignore pas, une comédie déjà vieille, mais sans cesse recommencée, que traverse tout un monde agité d'acteurs et de comparses en liesse : commensaux et Mécènes, prôneurs et prônés, thuriféraires qui se passent l'encensoir, amis féaux, compagnons jurés, partners du renom, pourchasseurs du succès et du bien-être en commandite. Il y a surtout, comme type raffiné et d'un genre supérieur l'écrivain fétiche qui, plus confiant en sa vigilance qu'au zèle de ses dévots, rédige lui-même sa louange sous forme autobiographique, dresse les autels de son culte et fabrique sa gloire de ses propres mains. Manége puéril, pratiques menteuses qui ne profitent qu'à quelques-uns, et ne sauraient abuser longtemps ! Echange touchant et risible à la fois d'obligeances suspectes qui n'ôteront rien plus tard aux droits d'une secrète envie et d'une malveillance invincible. — La camaraderie littéraire ne s'est plus relevée du coup depuis le jour où elle fut si vertement dénoncée par H. Delatouche, dans un article resté célèbre de l'ancienne *Revue de Paris* Fondée uniquement sur la vanité et l'intérêt, elle résiste rarement aux épreuves de la vie, et s'affaiblit avec les années. Ses bénéfices purement viagers, sans aucune solidarité avec la vraie gloire, ne préservent même pas toujours en fin de compte de la misère et de l'oubli. La génération qui succède, mettant chacun à sa place, s'inscrit en faux contre ses décisions, révise la louange usurpée, et inflige le blâme ou plutôt la condamnation dans son arrêt définitif.

Impuissante à produire aucun bien sérieux, la camaraderie n'a jamais eu qu'une influence malsaine sur les destinées générales de la littérature. C'est une arme défensive ou plutôt inerte, qui ne protège que les intrigans, les médiocres, les esprits tout à la fois vaniteux et débiles. L'écrivain véritablement fort, outre qn'il la dédaigne, n'en reçoit aucun secours. Tandis que d'autre part, si son âme est faible (antithèse plus fréquente qu'on ne croit), il peut être profondément découragé , surtout à ses débuts, ou même brisé sans retour par une critique systématiquement hostile. G. Planche, qui haïssait et méprisait avec raison la camaraderie, ne sentit peut-être pas assez le danger tout aussi grand d'une réaction excessive en sens contraire.

Quand on a été un des soldats de l'armée des lettres, et qu'on veut , après dix ans écoulés, jeter un regard derrière soi, l'œil attristé n'aperçoit plus que rangs éclaircis et bataillons dispersés de toutes parts. Que d'absences , que de vides causés par le découragement, la maladie, le feu du combat, et aussi par la désertion volontaire ou forcée. Si j'interroge mes souvenirs, en ne comptant même que les plus jeunes d'alors, ou les plus familiers, je trouve tout un groupe jadis uni, et maintenant dispersé, anéanti sans retour : J. Chaudes-Aigues, victime de la faim, ou peu s'en faut, à la veille d'une destinée meilleure ; Charles Labitte, foudroyé en pleine jeunesse, dans toute la fleur d'une santé apparente ; Edouard Ourliac, mort à la peine, épuisé de misère et de labeur ; Alex. Dufaï, cachant au fond de quelque maison hospitalière l'éclipse de son intelligence perdue ; Xavier Durrieu, en proie aux rigueurs de l'exil , après avoir si fatalement déserté, pour une politique stérile, le pur domaine littéraire de ses premiers essais ; Gérard de Nerval, l'élégant rêveur, pendu aux barreaux moisis d'une fenêtre de la rue *Vieille-Lanterne* ; François Génin, le philologue ingénieux , consumé par l'ardeur de la science et la fièvre des patientes investigations... Combien la liste serait plus longue, si chacun dénombrait à son tour ses contemporains, ses amis, ses compagnons de route disparus. Livre funèbre toujours ouvert , et auquel chaque année ajoute une page nouvelle.

Comme tant d'autres plus obscurs dont l'exemple est bientôt oublié s'il ne reste même inconnu, Gustave Planche a été dévoré par la vie littéraire, qui est un manque d'équilibre perpétuel entre des forces inégalement réparties L'un des premiers dans son art difficile , il eut à coup sûr moins de sécurité et de bien-être que les derniers dans toutes sortes de métiers vulgaires. Bien que seul et sans famille, avec des besoins bornés et très peu de superflu , il vivait au jour le le jour et à grand peine de sa vaillante plume. Même avec plus de prévoyance, il lui eût été presque impossible de fonder l'épargne de l'avenir. En vingt-cinq années d'un labeur assidu, il avait gagné tout au plus ce que gagne un chanteur d'opéra dans une seule campagne , un notaire ou un agent de change, au bout d'une année d'exercice , et maint spéculateur aventureux dans un coup de main. — Il n'était point décoré que je sache, moins favorisé en cela que tant d'artistes médiocres et enrubanés dont sa critique avait si bien démontré l'insuffisance. Et bien certainement, il n'eût jamais fait partie de l'Académie , quoiqu'en prétendit M. Cousin, étant trop peu homme du monde pour plaire à un aréopage aristocratique et politique plus encore que littéraire.

Sans doute, le tableau un peu sombre qui précède pourrait avoir tout à côté sa contrepartie plus gaie , plus sereine et plus consolante. Dans ce passé d'hier que j'évoque avec tristesse , il n'y eût pas que des naufragés et des victimes. De ce groupe , maintenant dispersé que je reforme ici , en esprit, sortirent quelques jeunes hommes qui ont fait leur chemin dans le monde, et, avec un talent moyen , ont offert dans leur personne l'exemple trop rare d'une position honorable conquise dans les lettres ou par les lettres. Mais, peut-être si l'on y regardait bien, en remontant à l'origine de ces succès, et en faisant la part de toute chose , on verrait que, pour la plus part, ces écrivains n'ont point abouti par le seul effort de leur vertu littéraire , mais bien par le bénéfice d'une position première déjà favorable, de liens d'amitié , de protections de famille, de circonstances fortuites, et aussi avec

l'aide efficace d'une habi'eté pratique, d'un savoir faire tout
personnels. Plus d'un a réussi non *parce que*, comme dirait
M° Dupin, mais *quoique* hommes de lettres (1).

La *littérature*, a dit M. Villemain, n'*est bonne à quelque
chose qu à condition de la quitter.* C'est pourquoi G. Planche, qui lui resta fidèle, ne fût rien qu'un homme de talent,
ce qui compte à peine dans le siècle où nous sommes. Il
n'eut pas même ce à quoi peuvent prétendre les hommes de sa
trempe littéraire, c'est-à-dire les critiques et les prosateurs
d'un grand talent, dont quelques-uns arrivent, bien qu'avec
peine, sinon à la fortune du moins aux distinctions. aux
emplois publics, aux honneurs. C'est que, chose triste à dire,
la profession littéraire. bornée à ses seules ressources, est
une des plus ingrates qui soient au monde pour qui veut la
pratiquer dignement, en dehors de toute intrigue, de tout
trafic, de toute ambition étrangère. Et de toutes les branches
de la littérature, la critique est, sans contredit, la plus sté-

(1) S'il m'était permis de produire des noms, j citerais au
hasard : St-René Taillandier, le brillant professeur à la Fa-
culté des lettres de Montpellier, l'un des principaux ré lacteurs
et actionnaires de la *Revue des Deux Mondes* ; Ch. Louandre,
le savant et ingénieux rédacteur en chef du *Journal de l'Ins-
truction publique*; Amedée Renée, gendre de M. Mocquard directeur du *Constitutionnel*, et récemment élu député au Corps
législatif pour le département du Calvados ; Paulin Limayrac,
jadis sous-préfet, qui a refusé de l'être une seconde fois pour
rester l'un de nos meilleurs critiques; Francis Wey, autrefois
le jeune ami de Charles Nodier, actuellement inspecteur des
archives départementales; Paul de Molènes, l'intrépide ex-offi-
cier de la garde mobile, l'élégant capitaine d'état major, qui
tient d'une main également ferme la plume et l'épée; François
Ducuing, talent solide, esprit pratique, le promoteur des vil-
lages départementaux en Algérie ; Arnould Fremy, l'un des
trois hommes d'état du *Charivari*, l'auteur d'une piquante comédie en cinq actes, *la Réclame*; enfin Arsène Houssaye, l'ex-
directeur du Théâtre Français, aujourd'hui inspecteur des
Musées de province, riche, heureux entre tous, enfant gâté du
succès qui ne lui a pas failli un seul instant dans sa vie.

rile,au double point de vue de la fortune et de la popularité,
lorsqu'elle reste ce qu'elle doit être. une œuvre impartiale ,
désintéressée , une conseillère habile et sage. lente d'ans ses
procédés, modeste dans ses allures, et, pour tout dire , une
abnégation constante de soi-même dans le dévoûment à la
gloire d'autrui.

Le convoi de G. Planche, comme celui d'Alfred de Mus-
set, comme celui de Gérard de Nerval, a offert l'affligeant
spectacle de la pauvreté dans l isolement.C'est que le poète,
comme le romancier, comme la critique, malgre leurs dis-
sentimens personnels , sont égaux après leur mort devant
l'ingratitude de la foule. Dès qu'ils ne sont plus là pour
charmer. instruire, émouvoir les esprits, le public passe in-
différent ou les oublie pour s'en aller quérir ailleurs d'autres
amusemens ou d'autres leçons. La politique a seule encore.
de nos jours. le pouvoir d'assembler les multitudes , de
grouper les sympathies, de former d'imposans cortéges.
Hors d'elle peu de foule et peu de bruit. Appelez-vous Ma-
nuel,Laffitte ou Daniel Manin, si vous voulez avoir les habits
noirs du monde officiel , les grands plumets aux chevaux
qui traînent le char, ou un monument érigé par souscrip-
tion ; sinon résignez-vous au petit deuil de l'indigence.
Le convoi de G. Planche n'a donc été suivi que par un petit
nombre. je ne dirai pas même d'amis, mais de collaborateurs restés fidèles, par quelques écrivains ou artistes à
peine célèbres ou même obscurs ; à quoi il faut ajouter ,
comme toujours en pareil cas, quelques-uns de ces hommes
qui se mêlent à tout pour mettre en relief leur personnalité
importante., et voir leur nom apparaître dans le récit que
feront les journaux du lendemain (1).

(1) Remarquons en passant que G. Planche, qui était si peu
poète. du moins en apparence, et dans la forme de ses écrits,
a eu l'existence bohémienne de bien des poètes , et finalement
leur mort sur un lit d'hôpital où peu s'en faut , ayant été
transporté, lors des premiers syptômes graves du mal, à l'hos-
pice du docteur Dubois, au faubourg Saint-Denis.

Entre tous nos bourgeois paisiblement rentés, parmi nos industriels bercés dans le lucre, ou même parmi ces humbles salariés gagnant facilement leur pain de chaque jour, lequel, je le demande, voudrait d'une destinée pareille? Qui accepterait de gaîté de cœur, s'il la connaissait d'avance, cette vie militante vouée presque infailliblement à la gêne, aux luttes incessantes, aux haines réciproques. L'âme s'effraie à mesurer cet ensemble de maux et de vicissitudes qui assiégent l'homme de lettres dans sa course haletante à travers la poursuite d un renom ephémère, d'un bien être qui échappe souvent quand on croit le saisir, et se fait acheter chèrement alors même qu'il se donne. Qui consentirait à être cet homme aventureux toujours près de glisser dans le sang de ses blessures, comme le gladiateur du cirque, ou de sombrer comme le frêle esquif dans un tourbillon de flots déchaînés.

Eh bien! l'écrivain sans fortune envisage résolument sa destinée, sachant presque toujours ce qu'il se prépare. En tout cas, une dure expérience ne tarde pas à l'instruire; mais le secret de sa force et de son courage est au fond de son cœur vivifié par les clartés sereines de l'esprit, par les jouissances intimes d'un travail solitaire. On a dit de G. Planche que les pures joies intellectuelles lui tenaient lieu de tout ce qui lui manquait, même d'une certaine considération qu'il n'eut pas toujours, et l'indemnisaient de bien des misères patentes ou secrètes. C'est aussi la raison qui en console tant d'autres à divers degrés, moins robustes, moins heureux encore, et qui leur fait supporter jusqu'à une obscurité relative, le plus lourd fardeau pour ces natures d'élite.

Pour qui a vu de près ces hommes formant une caste à part dans la société, lorsqu'on descend dans l'intimité de leur existence morale, on s'aperçoit qu'il y a beaucoup à rabattre du mauvais renom qu'ils se donnent comme à plaisir, et de tant de vilénies qu'on leur prête si gratuitement sur parole. Je ne suis pas même éloigné de croire qu'ils sont au fond moins pervers si non plus purs que bien d'autres. Eugène de Mirecourt, à qui on ne saurait dénier du courage, de la droiture et même du talent, a eu le tort grave de considérer les gens de lettres, ses confrères, comme un troupeau de galériens dont il serait le garde chiourme. Qui l'a donc investi d'une semblable fonction ? Où a-t-il puisé le droit de se poser en redresseur des torts du monde littéraire ? Dans sa conscience, dira-t-il... Mais son jugement est-il donc si infaillible ? Les actes de la vie privée imputés à l'écrivain sont essentiellement de nature douteuse, puérils souvent et presque insaisissables. Or, si le biographe peut errer, que devient la prétendue mission qu'il s'arroge ? Pour un financier, pour deux ou trois hommes politiques que M. E. de Mirecourt a prétendu demonétiser, il y a vingt écrivains ou artistes qu'il n'a pas craint de dénoncer au mépris public. Cruauté au moins inutile envers des hommes arrivés presque tous par leur travail et par leur mérite, peu édifians pour leur sainteté, je l'avoue, mais qui, en définitive, doivent compte au public non de leurs actes, mais de leurs écrits.

Quand donc les gens de lettres prendront-ils meilleur souci de leur honneur, de leur dignité, de leur bien-être, par plus de retenue, de mesure, de respect d'eux-mêmes, et aussi par plus de dignité ou d'indulgence envers leurs confrères ? La critique à outrance, le dénigrement systématique n'ont pas seulement pour résultat la déconsidération de l'auteur, mais aussi l'insuccès matériel de l'œuvre. Tel qui pense avancer ses affaires par l'amoindrissement d'un rival, n'est pas loin de s'attirer des représailles, et de subir le même dommage à son tour. De là le discrédit qui s'attache de jour en jour davantage à la profession, et la défiance de plus en plus grande du public à l'égard des produits intellectuels qui lui sont offerts. *Cache ta vie et répands ton esprit*, s'écriait jadis un poète mieux inspiré alors qu'il ne l'a été depuis. *Cache ta vie et répands ton esprit*, telle devrait être la devise de chacun et le mot d'ordre pour tous.

N'est-ce donc pas assez des inimitiés du dehors, des obstacles suscités par la famille, du doute des amis, du sarcasme des indifférens, et des préventions de la foule, sans ajouter encore à toutes ces défaveurs accumulées un appel insensé à la discorde qui n'a que trop désuni les rangs.

Alfred de Vigny a caractérisé quelque part, dans *Stello*, je crois, la destinée littéraire au moyen d'une image poétique et sombre, parfaitement juste. Il compare l'écrivain s'avançant dans la vie hérissée d'obstacles et semée d'écueils, à un voyageur qui chemine à pied, la nuit, à travers des rochers escarpés ou des précipices profonds. Une meute de loups affamés le suit, épiant sa démarche, prêts à saisir leur proie, et à se repaître de ses dépouilles. Tant mieux pour lui s'il a le cœur fort, le regard vigilant, et le jarret ferme. Mais que d'angoisses avant d'atteindre le but. Tel est le triste symbole trop manifeste. Encore le voyageur tombé sous la dent des loups n'a qu'une mort plus ou moins terrible ; nul n'est là pour ajouter la dérision à son angoisse mortelle. Nul ne vient inscrire une épitaphe menteuse de louanges ou de regrets sur son corps ensanglanté.

Octobre 1857.

R. DESSALLES.

MARSEILLE. Impr. et lith. V⁰ Marius OLIVE, rue Montgrand, 28.

www.ingramcontent.com/pod-product-compliance
Lightning Source LLC
Chambersburg PA
CBHW051420060726

47596CB00005B/2302